Copyright 2018 by Sabine Buncak-Müller
Herstellung und Verlag:
BoD - Books on Demand, Norderstedt
ISBN 978-3-7460-5538-1

Bestellungen unter: 0041 79 439 57 36

Gewidmet

...all den Frauen auf der ganzen Welt die dieses schöne Hobby mit mir teilen

...all den Frauen für ihre besonderen Freundschaften die sich dank unserem Hobby und Youtube ergeben haben

...meinen wunderbaren Jungs, dass sie mein Hobby akzeptieren und es als das sehen, was es ist - ein schönes Hobby und Dank auch für Ihre Hilfe bei technischen Problemen

...Sabrina Hergarten - für die besondere Freundschaft und als Dankeschön für Jonah

...Lorraine Boisvert - für die vielen tollen Mail-Kontakte und für meinen wunderschönen Silicone Jungen Jacob, er ist ein Engel.

Meiner Freundin Gabi, die nichts mit Reborn Babys zu tun hat, aber mir Korrektur gelesen hat, danke meine Liebe.

Inhaltsverzeichnis

Einleitung

Ich heisse Sabine, bin 52 Jahre alt und seit 8 Jahren alleinerziehende Mutter eines 20 und 16 jährigen Sohnes. Ich habe nichts nachzuholen was die Baby-und Kinderzeit meiner Jungs angeht. Ich habe jede Minute genossen, all die Kindergeburtstage mit Liebe vorbereitet und etliche Fotos gemacht.

Ich hatte auch das unglaubliche Glück, nie ein Baby verloren zu haben, bin also kein Sternenkind Mami. Dies als Einleitung weil immer wieder unterstellt wird, dass Frauen mit Reborn Babys etwas aufzuarbeiten hätten.

Wenn ein Sternenkind Mami, oder eine Frau die keine Kinder haben kann, durch ein Reborn Baby Trost oder einen kleinen Funken Glück empfinden kann, ist das meiner Meinung nach besser als jedes Medikament der Welt.

Jede Frau auf dieser Welt, die sich aus irgendwelchen Gründen ein Reborn Baby wünscht, sollte eines haben können. Und zwar ohne Angst haben zu müssen, als verrückt dargestellt zu werden.

Es ist seit Jahren mein Anliegen, dass dieses Hobby bekannter wird und nicht mehr all diesen Vorurteilen ausgesetzt ist. Mit meinem kleinen Buch möchte ich wieder einen Schritt in diese Richtung machen.

Männer dürfen mit Eisenbahnen spielen, einen ganzen Hobbyraum oder ein Zimmer belegen, da kommt kein Kommentar, niemals habe ich es erlebt, dass sich ein Mann rechtfertigen musste wegen seiner Eisenbahn.

Oder im Sommer gibt es etliche Plätze auf denen Männer mit ihren ferngesteuerten Rennautos rumfahre. Ebenso haben wir einen Fluss in der Nähe, da lassen Männer ihre ferngesteuerten Boote fahren. Auch da habe ich nie erlebt, dass Jemand eine blöde Bemerkung gemacht hätte.

Kommt aber eine Frau mit einem Kinderwagen daher und hat ein Reborn Baby bei sich und man merkt aus irgendwelchen

Gründen, dass es kein richtiges Baby ist, muss sie die richtigen Worte finden und hoffen, dass das Gegenüber nicht unangenehm reagiert.

Ich beginne mein Buch vor 15 Jahren, da war mein jüngerer Sohn gerade ein Jahr alt...

Meine erste Begegnung mit Reborn Babys

Ich ging an den Kiosk um ein Strickheft zu kaufen. Auf dem Titelblatt war ein Baby in einer Strickgarnitur abgebildet darunter stand ganz klein „Reborn Baby". Das sagte mir nichts und zu Hause googelte ich das Wort „Reborn Baby" und fand mich auf einer Seite mit wunderschönen „Babys" wieder. Es waren aber keine richtigen Babys, sondern Babypuppen die aussahen wie echte Babys, die ein Gewicht und eine Grösse von echten Baby's hatten - und mein Herz war verloren.

Ich liebte schon Babys als ich klein war, für mich war es damals das Grösste ein Baby besuchen zu können, das frisch zur Welt gekommen war. Oder wenn wir Jemanden in einem Krankenhaus besuchten, da waren damals die Babys noch in ihren Bettchen hinter der Glasscheibe, da musste ich jedes Mal hin und stand staunend vor dieser Glasscheibe.
Leider gab es zu meiner Kinderzeit keine Puppen die nur annähernd aussahen wie ein echtes Baby und deshalb war mein Bär Cedric, der nur ein Jahr jünger ist als ich, „mein Baby". Während meine Freundinnen mit ihren Puppen spielten, kam ich mit Cedric. Er hatte Babygrösse 56 und auf meinem Wunschzettel an Weihnachten stand immer als erstes: Kleider für Cedric, Stiefel für ihn, Windeln etc. Er hatte einen

Puppenwagen und zum Leid meiner Eltern kam er überall mit hin. Er ist heute noch bei mir.

Nach dem besagten Kiosk Besuch bestellte ich im Internet mein erstes Reborn Baby. Ich war unglaublich glücklich als es ankam und erstaunt wie echt es aussah und sich anfühlte. Da ich noch mitten in dieser Baby-Phase war, mein jüngster Sohn war erst ein Jahr alt, hatte ich also noch Babykleider, Wickeltisch, Stubenwagen etc. und die konnten weiter gebraucht werden, ich musste sie nicht versorgen, dass fand ich total schön.

In unserem Haus damals hatte ich zuerst unten in der Waschküche meine kleine Nursery. Die Waschküche war ausgebaut, hatte einen schönen Plattenboden und schöne Platten an den Wänden. Ich stellte eine Kommode hin und legte eine Wickelmatte darauf und daneben meinen Stubenwagen. Darüber war eine Leine gespannt mit Babykleidern die an Bügeln hingen.
Später wanderte die kleine Nursery in ein Zimmer ins EG, das gleichzeitig Gästezimmer und Nursery war. Mein Studio, in dem ich Beautywickel anbot, wanderte in die ausgebaute Waschküche.

Eine Nursery ist eine Entwicklung

Das Baby, das ich damals bestellte, habe ich nicht mehr. Ich las Berichte, googelte mich nächtelang durch all die Plattformen und sah mit der Zeit auch die Unterschiede. Es kamen in all den Jahren einige Reborn Babys und gingen auch wieder. Für mich war immer klar - ich möchte den Überblick behalten, mein Limit sind 6. Ich möchte, dass jedes Reborn Baby seinen Platz hat und sein Bettchen – das ist mir wichtig. Und ich denke, dass ich nach all den Jahren endlich angekommen bin.

Seit November 2015 ist Annie bei mir, sie ist ein Toddler (Begriffe erkläre ich später detailliert). Sie ist wie ein Kind von 2 Jahren, 74 cm gross und der Bausatz ist Arianna von Reva Schick und sie hat gerootete Haare.

George ist George von Ping Lau und trägt Grösse 62/68. Er ist ein typisches Kleinkind und hat gepaintete Haare.

Julien ist der Bausatz Anastasia von Olga Auer und ist 50 cm gross und hat ebenfalls gepaintete Haare. Bryan ist der Bausatz Angel von Olga Auer, auch er hat gepaintete Haare und ist 50 cm gross. Dann kommt klein Jonah mit seinen 46 cm, er ist ebenfalls von Olga Auer der Bausatz Thomas. Ihn hat meine liebe Freundin Sabrina Hergarten rebornt. Jonah ist das Reborn Baby, welches mein absolutes Traumbaby ist, weil er ganz klein ist und aussieht wie ein neugeborenes Baby. Und zu guter Letzt Jacob - er kam auch als Letzter zu mir und ist ein Silicone Baby mit drink und wet Funktion. Ein Traum ging mit ihm in Erfüllung.

Ich hatte mich in seinen grossen Bruder verliebt, aber Lorraine sagte sie mache den nicht mehr. Er sei zu schwer und zu gross. Also machte sie aus dem Grossen - klein Jacob... Sie nahm den Grossen als Muster und entwarf den Kleinen - und er ist ein Engel. Ich bin schwer verliebt, weil ein Silicone Baby sich sehr echt anfühlt mit den besonderen Eigenschaften. Er und Jonah sind beide die Erfüllung eines immer gehegten Traumes.

Also ist meine Nursery nun eigentlich perfekt. Ich habe ein kleines Mädchen mit Haaren zum Zöpfe machen etc. Einen Jungen als Kleinkind, der sitzen kann. Zwei Reborn Babys die aussehen wie damals meine Jungs. Jonah das ganz kleine Baby und Jacob der einige Babyfunktionen hat, wenn man das so sagen kann und der aussieht wie echt.

Angekommen nach 15 Jahren! Doch wer weiss, was noch kommt…

Annie (Arianna Reva Schick)

George (Ping Lau)

Bryan (Angel) & Julien (Anastasia)
Olga Auer

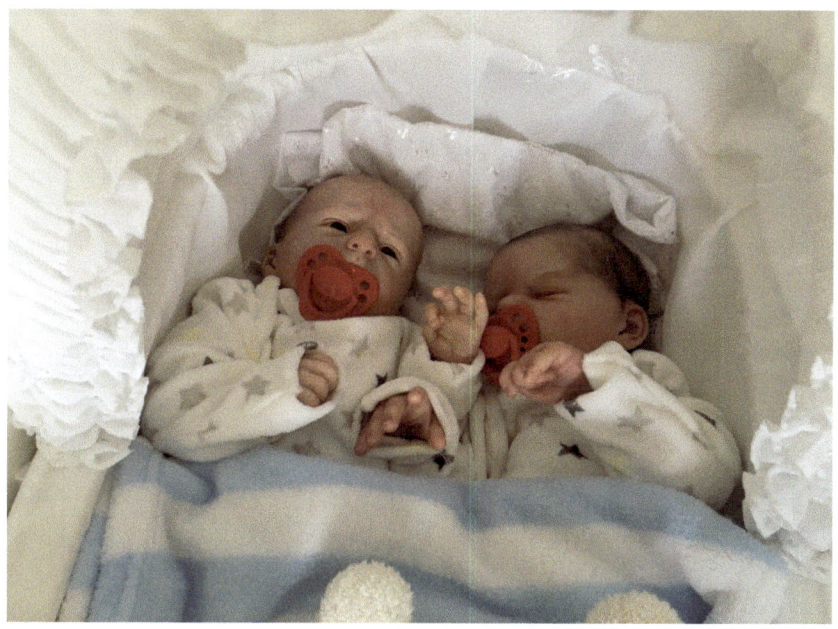

Jonah (Olga Auer) rebornt von Sabrina Hergarten

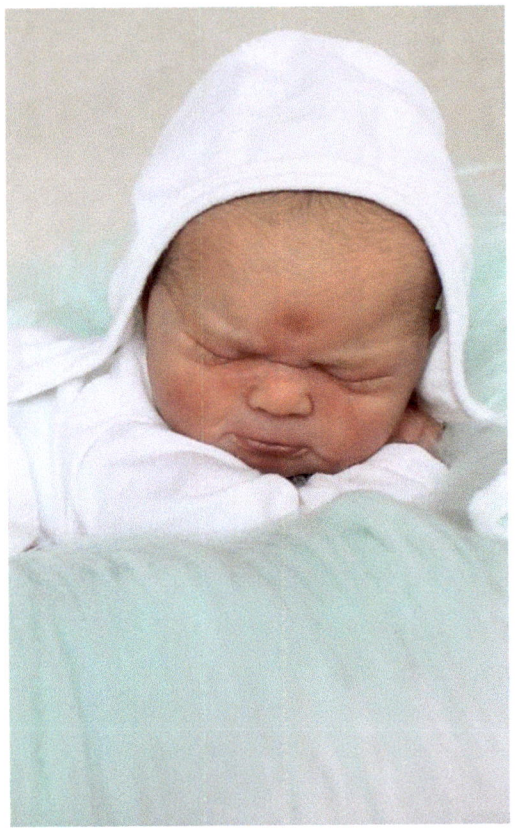

Silicone Baby Jacob von Lorraine Boisvert aus Canada

Was sind Reborn Babys?

Babys aus Vinyl

Reborn Babys sind Puppen die aussehen wie echte Babys, wenn sie gut gemacht sind. Sie haben die Grösse und das Gewicht eines echten Babys.

Eine Künstlerin formt aus „Knete" einen Kopf, Arme und Beine und manchmal eine Bauchplatte mit oder ohne Geschlecht. Dann lässt sie diese Teile giessen - die kommen meist in einer Auflage heraus die limitiert ist. Dazu gibt es einen Stoffkörper. Es gibt auch Reborn Babys die sind ganz aus Vinyl und haben ein Geschlecht.

Dann kaufen Reborner/innen, das sind Frauen oder Männer also Künstlerinnen und Künstler, diese Bausätze und fangen an sie in ein möglichst echt aussehendes „Baby" zu verwandeln. Diese Vinyl Teile werden gewaschen und getrocknet (entfettet) und dann in vielen Schichten mit Farben „bemalt". Es werden Äderchen gezeichnet damit ein möglichst echt aussehendes Hautbild entsteht. Es gibt zweierlei Farben, die an der Luft trocknen und die man im Ofen einbrennen muss. Bei den eingebrannten Farben kann man gut mit einem feuchten Waschlappen die Babys reinigen - bei den luftgetrockneten eher nicht.

Es gibt Schlafbabys und Wachbabys - die Wachbabys bekommen Augen. Meist diese Lauschaer Glasaugen, die sehr realistisch aussehen.

Wenn es ein Wachbaby ist, werden diese Augen dann eingesetzt und verleimt.

Augenbrauen kann man malen oder rooten und die Wimpern kleben oder rooten. Näschen können geöffnet werden (mit dem Bohrer werden die Nasenlöcher gebohrt) oder schattiert.

Dann bekommt das Reborn Baby meist einen Magnetschnuller. Das heisst, ein Magnet ist im Innern des Kopfes auf Mundhöhe mit Kleber angebracht. Und der andere Magnet ist an einem Schnuller angeklebt. (Achtung bei Herzschrittmacher) Da gibt es auch zwei Varianten: Man nimmt einen ganz normalen Schnuller und schneidet den Gummi vorne ab und klebt an diese Stelle den Magneten. Es gibt auch diese Reborn Baby Schnuller - die haben am Schnuller ein Fächli, in das man den Magneten reinlegen kann. Oder solche, bei denen der Magnet schon drin ist und man es nicht umdrehen kann. Diese haben den Nachteil, dass man sie nur nehmen kann, wenn man selber den Magnet in den Kopf macht und ihn nach dem Magnet im Schnuller ausrichtet. Hat man schon ein Reborn Baby mit Magnet dann passt der Schnuller - oder eben auch nicht. (Magnete müssen sich anziehen).

Dann kommt die Frage der Haare. Entweder werden die Haare gepaintet oder gerootet. Wenn sie gerootet werden, werden sie im Inneren verklebt.

Nun wird das Baby mit entsprechendem Füllmaterial gefüllt, gewichtet und zusammengebaut. Danach wird das Baby gemessen und gewogen und Babykleider werden angezogen. Ich ziehe meine Reborn Babys immer der Jahreszeit entsprechend an.

Es kommt darauf an, ob wir einen Vinyl Körper oder einen Stoffkörper haben, da gibt es verschiedene Füllarten. Aber auch Vollvinyl Babys dürfen nicht gebadet werden.

Toddler

Sind grössere Reborn Puppen die aussehen wie kleine Kinder. Meist haben sie gerootete Haare. Vor allem Mädchen, damit man sie kämmen und frisieren kann. Es gibt sehr unterschiedliche Haarqualitäten. Ich empfehle eine gute Qualität zu nehmen - je besser die Qualität, desto besser das Resultat. Es gibt unterschiedliche Techniken Haare zu rooten.

Wenn Jemand das sehr gut kann, sieht das Baby oder der Toddler einfach echter aus.

Ich persönlich mag gepaintete Haare lieber, aber das ist Geschmackssache. Ausser bei Toddlern wie Annie – zu ihr passen die gerooteten Haare.

Babys aus Silicone

Auch da gibt es verschiedene Varianten. Es gibt die sogenannten Teil Silicone Babys, da ist nur der Kopf, die Arme und die Beine aus Silicone und der Körper aus Stoff. Dann gibt es diese Voll Silicone Babys – da ist das ganze Baby aus Silicone. Es gibt verschiedene Silicone Stärken.

Das Baby kann aus einem Stück gegossen sein oder der Kopf wurde separat gegossen, dann kann er gut gedreht werden. Silicone ist schwer, darum sind diese Babys oft schwerer als Reborn Babys. Deshalb bevorzuge ich persönlich kleine Babys. Dann – mein Highlight - ist ein Silicone Baby mit drink und wet Funktion. Das heisst, es kann mit dem Fläschchen trinken und Pipi machen.

Silicone Babys kann man baden, muss sie aber danach gut abtrocknen und am ganzen Körper einpudern.

Falls man ein Milchfläschchen gibt, muss man danach gut mit Wasser nach spülen damit nichts von der Milch im Körper bleibt.

Reborn reallife Baby

Das sind Reborn Babys die nach einem Foto hergestellt wurden.

Realborn

Echte Baby's werden eingescannt und dementsprechend werden die Reborn Baby's hergestellt.

Bedeutende Stationen in meiner Nursery

Irgendwann, ich weiss nicht mehr genau wann, habe ich mich geoutet bezüglich meines doch noch eher unbekannten Hobbys. Wenn vorher Leute zu Besuch kamen, fragte ich mich immer, was die wohl über mein Hobby denken - wenn sie irgendwo ein Reborn Baby liegen sahen, oder einen Stubenwagen mit einem Reborn Baby darin. Manchmal kamen tatsächlich komische Fragen. Irgendwann einmal habe ich beschlossen zu meinem Hobby zu stehen und zu sagen: ja ich habe Reborn Babys und ich mag dieses Hobby. Ich ging dann auch raus mit ihnen spazieren wenn mir danach war. Und lustigerweise kamen keine komischen Fragen mehr. Mein 50. Geburtstag hatte als Motto Reborn Babys und ich bekam Nursery Geschenke, hatte auch zwei Reborn Babys dabei und für Alle war es ganz normal – so habe ich es zumindest wahrgenommen.

5. April 2015:
bei Youtube beigetreten

4./5. und 6. Dezember 2015:
die Filmakademie aus Ludwigsburg dreht bei und mit mir einen Dokumentarfilm

28. November 2017:
Sat1 Frühstücksfernsehen - eine leider etwas unglückliche Reportage

3. Januar 2018:
eine Reportage über mich und meine kleine Nursery auf zwei Seiten in der Zeitschrift LISA

Dazwischen fiel ich einem Cyber Mobbing zum Opfer. Dank der Hilfe der Polizei habe ich aber durchgehalten. Ich habe dadurch gelernt, nicht davon zu laufen wenn es unangenehm wird und habe meinen Kanal nicht gelöscht, sondern weiter gemacht.

Mein Tipp: Löscht nicht euren Kanal wenn blöde Kommentare kommen, so gebt ihr nur dem Gegenüber das Gefühl er/sie hätte Recht mit seiner/ihrer Aussage und ihr wärt im Unrecht. Genauso, wenn ihr im Alltag Menschen begegnet die komisch oder wertend reagieren, steht zu eurem Hobby. Umso selbstverständlicher und natürlicher ihr damit umgeht – desto natürlicher wird es auch für Euer Gegenüber. Probiert es aus.

Erklärung der Begriffe:

Toddler: sind Puppen, die aussehen wie kleine Kinder

rooten: Haare einziehen mit einer Nadel in den Puppenkopf

gepaintete Haare: gemalte Haare

rebornen: aus einem Bausatz wird ein Reborn Baby hergestellt

Drink und wet Funktion: das Silicone Baby kann trinken und Pipi machen

Voll Silicone Baby: ein Silicone Baby ganz aus Silicone mit Geschlecht

Teil Silicone Baby: der Körper ist aus Stoff - Kopf, Arme und Beine aus Silicone

Reborn reallife Baby: das sind Reborn Babys die nach einem Foto hergestellt werden.

Realborn: echte Baby's werden eingescannt und dementsprechend werden die Reborn Baby's hergestellt.

Rebornerin: eine Künstlerin, die aus einem Bausatz ein möglichst echt aussehendes Baby herstellt.

Reborn schwanger: man wartet auf ein Reborn Baby, das bestellt oder gekauft wurde

Sternenkind Mami: ein Mami, die ein Baby im Himmel hat

Rollenspiele auf Youtube

Ich bin seit 5. April 2015 auf Youtube und mache Rollenspiele mit meinen Reborn Babys. Das heisst, ich stelle Szenen nach. Zum Beispiel wickle ich ein Reborn Baby oder ich gebe ihm ein Fläschchen oder ich ziehe es um. Manchmal, wenn ich Lust habe, nehme ich meinen Kinderwagen und gehe mit einem Reborn Baby spazieren. Es gibt Tage, da liegen sie aber einfach nur in ihren Bettchen und ich mache nichts mit ihnen. Ich mache gerne folgenden Vergleich. Es gibt Menschen, die gehen von Mittelalter Anlass zu Mittelalter Anlass und tun ein ganzes Wochenende, als wären sie im Mittelalter. Sie bauen mitunter ein ganzes Dorf nach - nur für ein solches Wochenende. Glaubt mir, diese Leute wissen auch, dass sie nicht mehr im Mittelalter leben. Genauso weiss ich, und auch all die vielen Frauen da draussen die ein Reborn Baby haben, dass es Babypuppen sind und keine echten Babys.

Also - lasst uns weitermachen mit unseren Youtube Filmen, so können wir unser Hobby mit Menschen auf der ganzen Welt teilen. Und so haben wir die Möglichkeit, in die eine oder andere Nursery reinzuschauen.

Es entstanden und entstehen wunderbare Freundschaften durch Youtube und es bringt Menschen mit demselben Hobby in Verbindung, die sich sonst nie kennengelernt hätten.

Was braucht man alles für ein Reborn Baby?

Die einfachste Variante ist eine Ecke in einem Zimmer. Eine Kommode in der man die Kleider aufbewahren kann, darauf eine Wickelmatte oder Decke, ein paar Windeln und einen Stubenwagen oder ein Babybett und natürlich ein Reborn Baby.

Das Schöne an diesem Hobby ist, dass man es ausbauen kann. Man kann sich immer mal wieder etwas kaufen oder wünschen. Es gibt so viel Verschiedenes, das man in einer Nursery haben kann. Der Platz und das Budget entscheiden darüber.

Man kann es z.B. ausbauen mit einer Babywippe, Laufgitter, Badewanne, Schaukelpferd etc.

Hat man Toddler, kann man wenn Platz vorhanden ist, eine kleine Toddler Ecke gestalten. Mit Tischchen und Stühlen, kleinem Sofa oder Küche.

Für Jungs vielleicht Autos oder eine Autogarage, es ist alles möglich.

Für Reborn Babys hat man meist Babymöbel, also einen echten Baby Stubenwagen - auch wenn sie in einem Puppenbett Platz hätten.

Was habe ich aktuell in meiner Nursery?

Ich habe einen Wickeltisch mit Wickelmatte, ein Klinikbettchen, ein Babybett, ein Gestell und einen Schrank. Für Annie ein Tischchen mit Sessel und ein Minnie Mouse Gestell. Ebenso eine kleine Küche für Annie, die man zusammenlegen kann und einen kleinen Stubenwagen in dem zwei Reborn Babys drin liegen. (Das Einzige in nicht Babygrösse).

Da ich etwas Platznot habe, befestigte ich oben von Wand zu Wand eine Duschstange und hängte die Babykleider der kleinen vier Babys daran.

Bryan, Julien, Jonah und Jacob haben alle dieselbe Grösse. Das ist günstig und spart Platz.

Und nicht zu vergessen - mein Silvercross Babywagen, den ich kaufen konnte als eine Familie auswanderte und den Wagen nicht mitnehmen konnte. Ein Glücksfall! Er steht in unserem Gang als Dekoration. Oder besser gesagt, dient er ab und zu als Kleiderständer für meine Jungs...

Unten an der Treppe im Treppenhaus steht mein Kinderwagen, mit dem ich die Babys spazieren fahre, allzeit bereit.

Ich habe Babyfläschchen, Lätzchen, Windeln, einen Flaschenwärmer, noch von meinen Jungs, und viele Kleinigkeiten die ich sicher vergessen habe aufzuzählen.

Ich geniesse es immer noch, durch all die Babyabteilungen schlendern zu können und wenn mir was gefällt, habe ich sogar Jemanden dem ich es anziehen kann. Gröse 46/50 für Jungs, 62/68 für Jungs und Grösse 80 für Mädchen.

Besondere Freundschaften die sich ergaben

Einmal die mit Lorraine in Canada - wir schreiben uns viel via Messenger, tauschen uns über Silicone Babys aus. Lucy entstand nach einem Tipp von mir, mal ein so Kleines zu machen - und es wurde ein Erfolg. Lorraine steckt soviel Liebe in ihre Arbeit, die man bei den Babys sieht und spürt. Ich kaufe meine Silicone Babys ausschliesslich bei ihr.

Dann Sabrina Hergarten,- auch wir schreiben uns. Sie ist die Künstlerin, die ganz nach meinen Geschmack Reborn Babys färbt. Besonders ihr Haarpainting finde ich persönlich einmalig. Von ihr ist Jonah, mein Herzensbaby, danke Du Liebe für diesen Engel!

Dann gibt es diese speziellen Reborn Freundinnen die ich nie getroffen habe und trotzdem eng mit ihnen verbunden bin. Ich hoffe, ich schaffe es dieses Jahr nach Eschwege an die grosse Ausstellung und habe dann Gelegenheit, die eine oder andere Freundin zu sehen. Ich bin mit manchen fast täglich via whatsApp in Kontakt - manchmal schicken wir uns ein Päckchen, gratulieren uns und unseren Reborn Babys zum Geburtstag und tauschen Neuigkeiten untereinander aus. Wir kennen gegenseitig die Nursery des Anderen von den Youtube Filmen und kennen auch im Grossen und Ganzen die Reborn Babys der Anderen. Es gibt aber auch Reborn Mütter, die sich verabreden und sich treffen und dann mit den Babys spazieren gehen oder sich gegenseitig besuchen. Ich hatte auch schon mehrfach Besuch. In jeder Nursery gibt es so einen Star den einfach Alle kennen.

Patenschaften

Ja, ihr habt richtig gehört - wir haben auch Patenkinder.
Ich habe auch ein Patenkind, sie heisst Henriette. Eine kleine
süsse Toddler Maus, die sogar eine Stimme hat. Das heisst, wie
im richtigen Leben sind wir Gotti (so heisst es in der Schweiz)
von einem Reborn Baby oder Toddler. Wir schicken dann z.B.
am Geburtstag oder an Weihnachten ein Päckchen,
kommentieren die Videos unserer Patenkinder und im besten
Fall treffen wir sie tatsächlich einmal. Ich hoffe Henriettchen,
dieses Jahr klappt es, und ich bring Dir auch Schokolade mit...
Der Sinn dieser Patenschaften ist es eigentlich, einen engen
Kontakt zu den Müttern zu haben. Und es ist lustig und gibt
wieder einen Anlass für ein Rollenspiel.

Wo kauft man ein Reborn Baby?

Reborn Babys kann man auf verschiedene Arten kaufen. Es
gibt auf ebay.de oder ebay.co.uk oder ebay.com etc. viele
verschiedene Reborn Babys in unterschiedlichen Preisklassen
zu kaufen. Oder die einzelnen Rebornerinnen haben eine
Homepage und bieten dort ihre Babys zum Verkauf an. Dann
gibt es verschiedene Reborn Baby Gruppen bei denen auch
Reborn Babys verkauft werden, und nicht zu vergessen die
Reborn Messen.
Im Frühling gibt es immer eine Messe in Münster und im
Herbst, sprich im November, eine in Eschwege. Die Messe in
Eschwege ist gross und ich hoffe, dass ich es dieses Jahr
endlich schaffe, dorthin zu gehen. Es ist von mir aus eine etwa
6stündige Fahrt mit dem Auto.
Dann gibt es auch Frauen, die bestellen bei einer Rebornerin
ihr Baby auf Wunsch. Dann kann sie Haarfarbe aussuchen,
Augenfarbe etc.
Im Laden gibt es sie nicht zu kaufen.
Preise: Ab 150 Euro nach oben offen.

Ein hochwertiges Reborn Baby kostet um 500 bis 2000 Euro, je nach Künstlerin höher.

Träume und Vorhaben

Träume

Einer meiner grossen Träume ist es, dass dieses Hobby akzeptiert wird und wir nicht mehr komisch angeschaut werden wenn wir mit einem Kinderwagen, in dem ein Reborn Baby liegt, gesehen werden. Aber das ist wohl noch ein weiter Weg...

Ein weiterer Traum wäre es, dann eines Tages eine Reborn Baby Boutique zu haben, in der man rund um's Baby alles kaufen kann. Nicht Reborn Material, sondern Babysachen, die ich von Künstlerinnen auf der ganzen Welt sammle und zum Verkauf anbiete. Ebenso meine eigenen Baby Häkelsachen - ich habe noch so viele Ideen…
So eine Boutique könnte sich dann auch zu einem Reborn Mütter Treffpunkt entwickeln - mit Kaffee und Kuchen… ich komme ins Schwärmen.

Vorhaben

Ich will nun jedes Jahr ein Büchlein über meine Nursery herausbringen. Mit neuesten Entwicklungen, was ich erlebt habe und Fotos meiner Reborn Babys etc.
Das zweite Büchlein wird also Ende Januar 2019 zu haben sein. Ich stelle es dann in einem Video vor und nach Wunsch kann es bei mir, oder im Buchhandel, bezogen werden. An diesem Buch schreibe ich laufend, aber ich möchte die Weihnachtsfotos abwarten.

Jede Woche gibt es nun einen Blog von mir, mit Szenen aus der vergangenen Woche. Es wird immer am Wochenende auf Youtube hochgeladen - mit der jeweiligen Kalenderwoche. KW1, KW2 etc.

Dann gibt es hoffentlich bald einmal auf irgendeine Art ein Reborn Treffen in der Schweiz...

Ich freue mich auf ein neues Jahr mit Euch Allen und hoffe, wir können viel Schönes miteinander erleben.
Herzlichen Dank für Eure Treue auf meinem Youtube Kanal: Sabine'sNursery

Zum Abschluss mein Reborn Baby Gedicht

Reborn Babys...
Kleine Wesen entstanden aus Ideen und Träumen,
durch Künstlerhände, in ihren Räumen.
Zum Leben erweckt und einzeln entdeckt.

Sie atmen nicht und fühlen nicht,
sind aber da, wenn alles andere bricht!

Manchmal wird man angegriffen, manchmal auch nur angepfiffen.
Öfters für verrückt erklärt, doch dies ist uns, das alles wert.

Sie werden gehütet, geliebt und geehrt und deswegen wohl auch so oft vermehrt.

Und ein manches Mal, kommt der Zauber zurück, den einige schon hatten, mit ihrem Glück.

Für die Anderen ist es neu, und sie tasten sich ran und wenn's ihnen gefällt, bleiben sie dran.

Sabine'sNursery
2018

Sabine's Nursery ist Band 1 und erklärt das schöne Hobby Reborn Babys und erzählt die Geschichte meiner Nursery. Ab jetzt gibt es jedes Jahr einen Band mit einem Jahresrückblick meiner Nursery. Ich bin 52 und Mutter zweier Jungs 20 und 16 und habe nichts nachzuholen, es ist einfach ein Hobby, dass ich mit vielen Frauen auf der ganzen Welt teile..

https://www.youtube.com/c/SabinesNursery<